¡Mira, una medusa!

por Tessa Kenan

BUMBA BOOKS™ en español

EDICIONES LERNER ◆ MINNEAPOLIS

Nota para los educadores:

En todo este libro, usted encontrará preguntas de reflexión crítica. Estas pueden usarse para involucrar a los jóvenes lectores a pensar de forma crítica sobre un tema y a usar el texto y las fotos para ello.

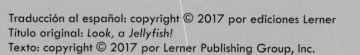

ediciones Lerner
Una división de Lerner Publishing Group, Inc.
241 First Avenue North
Mineápolis, MN 55401, EE. UU.

Si desea averiguar acerca de niveles de lectura y para obtener más información, favor consultar este título en www.lernerbooks.com

Library of Congress Cataloging-in-Publication Data

The Cataloging-in-Publication Data for *¡Mira, una medusa!* is on file at the Library of Congress.
ISBN 978-1-5124-2866-7 (lib. bdg.)
ISBN 978-1-5124-2944-2 (pbk.)
ISBN 978-1-5124-2945-9 (EB pdf)

Fabricado en los Estados Unidos de América
1 – VP – 12/31/16

Expand learning beyond the printed book. Download free, complementary educational resources for this book from our website, www.lerneresource.com.

Tabla de contenido

Las medusas flotan 4

Partes de una medusa 22

Glosario de las fotografías 23

Índice 24

Leer más 24

Las medusas flotan

Las medusas son animales

del océano.

Hay varios tipos de medusas.

Viven en todos los océanos.

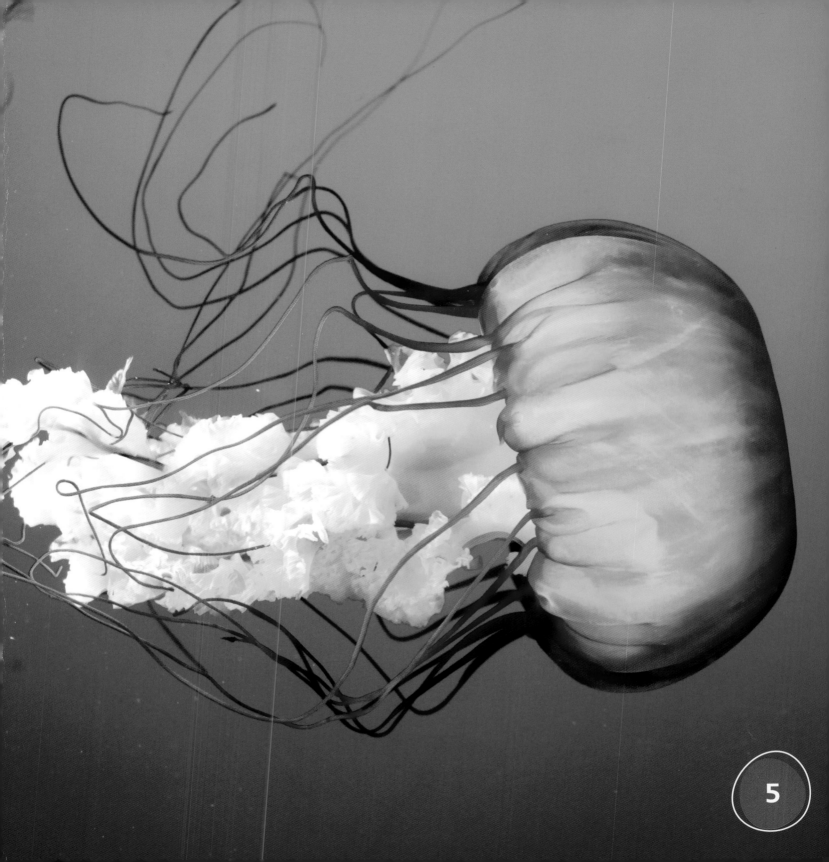

Algunas medusas son anaranjadas.

Algunas son azules.

Pueden ser de muchos otros colores también.

Las medusas tienen cuerpos suaves.

No tienen huesos.

¿Por qué puede ser útil tener cuerpos suaves?

9

A las medusas les cuelgan largos tentáculos.

Ellas pican con estos.

Pican su comida.

Después, ellas se comen la comida.

¿Por qué piensas que los tentáculos de las medusas son largos?

Las medusas

comen peces.

Ellas comen plantas.

Comen camarones

y cangrejos.

Tienen la boca en

el medio del cuerpo.

medusas jóvenes

14

Las medusas

ponen huevos.

Las medusas jóvenes

viven en rocas.

Las medusas adultas

nadan.

A la parte de arriba de la medusa

se le llama campana.

Una medusa puede mover

su campana.

Mover la campana ayuda

a la medusa a nadar.

campana

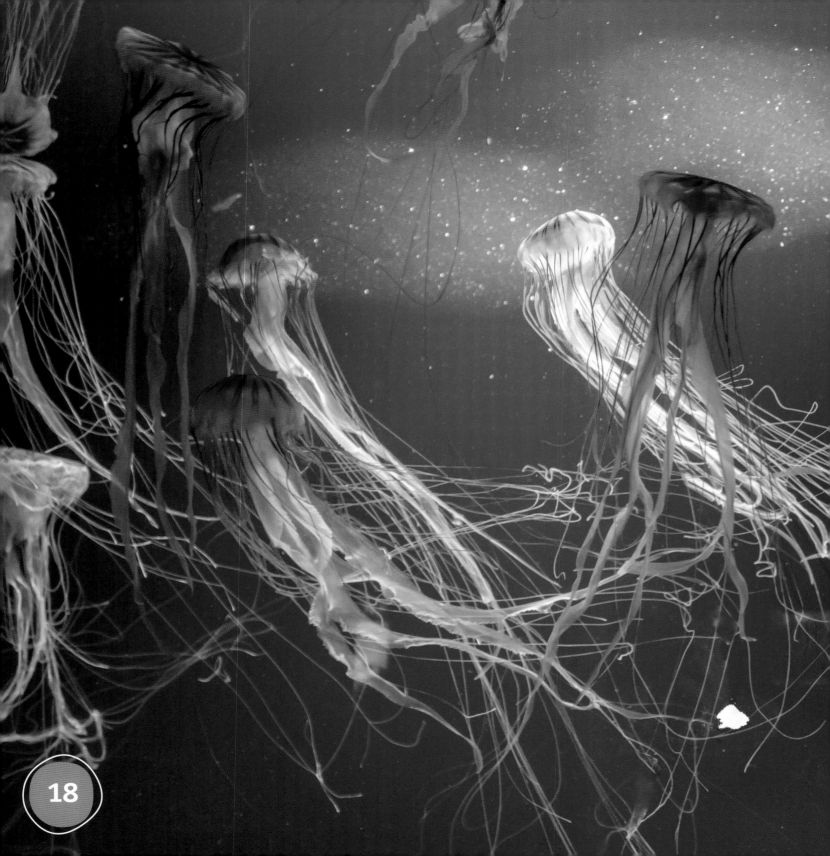

A un grupo de medusas

se llama floración.

Las medusas son livianas.

El agua mueve la floración.

Algunas medusas pueden iluminarse.

Ellas se iluminan cuando otros animales las tocan.

La luz asusta a otros animales y los aleja.

¿Por qué podría la luz de las medusas asustar a otros animales?

Partes de una medusa

campana

tentáculos

Glosario de las fotografías

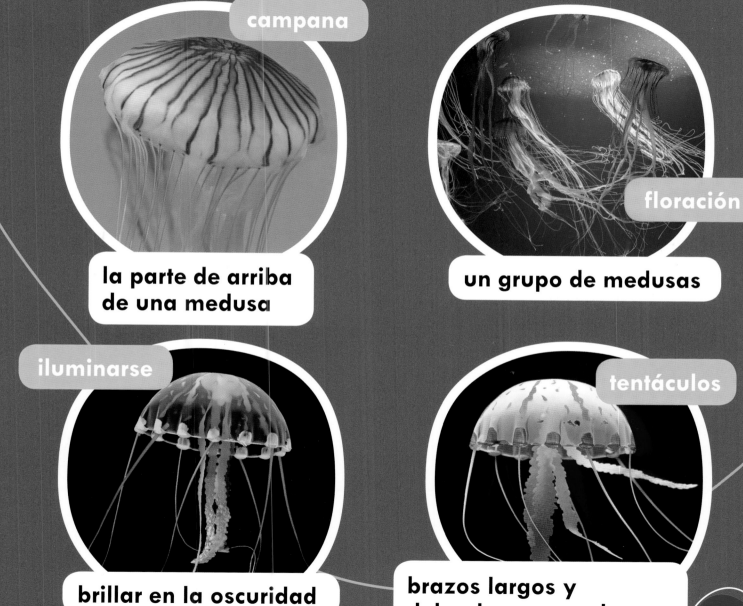

campana

la parte de arriba de una medusa

floración

un grupo de medusas

iluminarse

brillar en la oscuridad

tentáculos

brazos largos y delgados que cuelgan del cuerpo de un animal

23

Índice

boca, 12

campana, 16

colores, 7

comen, 11, 12

cuerpos, 8

floración, 19

huesos, 8

huevos, 15

iluminándose, 20

medusas jóvenes, 15

nadando, 16

océano, 4

pican, 11

tentáculos, 11

Leer más

Gibbs, Maddie. *Jellyfish*. New York: PowerKids Press, 2014.

Hansen, Grace. *Jellyfish*. Minneapolis: Abdo Publishing, 2015.

Meister, Cari. *Jellyfish*. Minneapolis: Bullfrog Books, 2015.

Crédito fotográfico

Las fotografías en este libro se han usado con la autorización de: © Pavel Vakhrushev/Shutterstock.com, p. 5; © bierchen/Shutterstock.com, pp. 6–7; © alexskopje/Shutterstock.com, p. 9; © pan demin/Shutterstock.com, pp. 10, 23 (esquina inferior derecha); © zhengzaishuru/iStock.com/Thinkstock, pp. 12–13; © Norbert Wu/Minden Pictures/Newscom, pp. 14–15; © ryasick/iStock.com, pp. 17, 23 (esquina superior izquierda); © lleysen/Shutterstock.com, pp. 18, 23 (esquina superior derecha); © pandemin/iStock.com, pp. 21, 23 (esquina inferior izquierda); © Paphawin Sukhotanang/Shutterstock.com, p. 22.

Portada: © chbaum/Shutterstock.com.